Jóia Rara
Pensamento positivo
para o seu dia-a-dia

Jóia Rara

Pensamento positivo
para o seu dia-a-dia

Pelo espírito HELENA
Psicografia de MARIA NAZARETH DÓRIA

LÚMEN
EDITORIAL

Jóia Rara
Pensamento positivo para o seu dia-a-dia
pelo espírito *Helena*
psicografia de *Maria Nazareth Dória*

Copyright @ 2006 by Lúmen Editorial Ltda.
1ª edição - março de 2006

Direção editorial: Celso Maiellari
Revisão: Thelma Babaoka
Capa e Projeto Gráfico: Ronaldo Barsotti / Zeta Design
Impressão e acabamento Gráfica Palas Athena

Dados Internacionais de Catalogação na Publicação (CIP)
(Câmara Brasileira do Livro, SP, Brasil)

Helena (Espírito)
    Jóia rara : pensamento positivo para o seu dia-a-dia / pelo espírito Helena ; psicografia de Maria Nazareth Dória – São Paulo : Lúmen, 2006

    1. Espiritismo   2. Psicografia   I. Dória, Maria Nazareth.   II. Título

06-0531   CDD-133.93

Índices para catálogo sistemático:
1. Mensagens psicografadas : Espiritismo   133.93

Rua Espírita, 64
São Paulo - SP
CEP 01527-040
Tel/Fax (0xx11) 3207-1353

visite nosso site: www.lumeneditorial.com.br
fale com a Lúmen: atendimento@lumeneditorial.com.br
departamento de vendas: comercial@lumeneditorial.com.br
contato editorial: editorial@lumeneditorial.com.br

2006
Proibida a reprodução total ou parcial desta obra sem prévia autorização da editora
Impresso no Brasil - Printed in Brazil

Índice

DEDICATÓRIA *7*

APRESENTAÇÃO *9*

HÁBITO SAUDÁVEL *13*

O CULTIVO DA ALEGRIA *16*

JÓIA RARA *19*

DESÂNIMO *22*

AS PROMESSAS *25*

DIFICULDADES *29*

CONFORMISMO *33*

TRABALHO *36*

A VIDA *39*

A HUMILDADE 43

CRÍTICAS 46

SOMBRAS 49

O PENSAMENTO 52

SORRISO 55

CAMINHADA 58

INVEJA 62

A RAZÃO E A EMOÇÃO 65

VITÓRIA 68

HUMILHAÇÃO 71

AS AÇÕES 74

OBRAS DE DEUS 77

A VERDADE E A MENTIRA 81

CONFIANÇA 84

SONHO 88

PERSISTÊNCIA 91

O PODER DA PALAVRA 94

PREOCUPAÇÃO 97

DIFERENÇA 100

CONQUISTA 103

ESPERANÇA 106

Dedicatória

A todos os irmãos que buscam uma palavra de conforto e de esperança.

À minha família, em especial a Eliane e Carla (filhas), Lya (neta).

Obrigada por estarem tão próximos de mim, mesmo estando fisicamente longe.

Apresentação

É gratificante ter em mãos um pequeno diário, com mensagens e pensamentos, que possa ajudar a começar bem nosso dia.

A linguagem é clara, simples e de fácil compreensão. Cada mensagem vem acompanhada de um pensamento. A intenção é que cada um medite profundamente em sua própria existência.

Quais as intenções de quem nos confiou tão sábias palavras, tão fortes pensamentos?

Proporcionar a todos nós a idéia de uma reflexão diária.

É nas pequenas coisas que encontramos sempre a grandeza.

Vamos fazer desse pequeno diário mais um amigo entre tantos outros, que nos mostram como encontrar o caminho que tanto buscamos.

Essa é a nossa maior intenção: ajudá-los.

Antes de abrir uma mensagem diária, eleve o pensamento a Deus, peça aos mentores de luz que possam vir em seu auxílio.

Agradeça a Deus por mais um dia que Ele lhe concedeu, pois cada dia em nossas vidas é uma oportunidade que recebemos para concluirmos nossas tarefas.

Abriremos uma página e vamos analisar as sugestões do dia para encontrar as soluções que se fizerem necessárias.

Lembre-se de que a oração é a única chave que abre todos os caminhos que nos levam a Deus.

Maria Nazareth Dória

HÁBITO
SAUDÁVEL

Crie para você mesmo um hábito
saudável: organize-se! Aproveite
as vinte e quatro horas que Deus
lhe deu para viver e faça por
você mesmo o melhor que puder,
pois assim estará contribuindo
com os propósitos Divinos.

Administre suas horas, distribua o seu tempo entre os deveres familiar, social e espiritual.

Faça diariamente um levantamento do que pode melhorar na sua vida e coloque-o em prática.

Ainda há tantas coisas que você pode acrescentar em sua agenda da vida! Amor, alegria, esperança, amizade...

Orar diariamente sem marcar encontro com Deus é um hábito saudável. Deus está dentro de cada um de nós, devemos sim, reunirmos entre irmãos para louvá-Lo e agradecê-LO.

Deus sabe de nossas
necessidades hoje e amanhã.

PENSAMENTO DO DIA

"O homem se torna
um tolo quando diz:
amanhã eu faço.
E sábio quando diz:
Se Deus quiser,
amanhã eu faço."

O CULTIVO
DA ALEGRIA

Plante amor em seu coração!
Deus é a semente.

Não permita que o sentimento
de tristeza mude os seus
pensamentos.

Perceba o quanto Deus ama você,
quantos seres iluminados pela
luz divina desejam-lhe o bem!

Quantos amigos torcem pela sua
felicidade!

Acredite que a sua passagem por
aqui é um momento precioso,
saiba aproveitar todos os
momentos de sua vida para
construir a ponte que o levará
ao caminho da paz.

A felicidade nasce da semente
do bem, plante, colha e desfrute
por toda a sua vida...

Não se desespere, você está
sob o olhar de Deus.

Não há bem que Ele não possa lhe dar, não há mal que Ele não possa tirar...

PENSAMENTO DO DIA

"O nosso coração é um campo muito estranho em que só podemos cultivar duas safras: o bem ou o mal. Quem semeia e cultiva o amor dentro do seu coração nunca guarda uma só semente de ódio ou vingança por quem quer que seja."

JÓIA RARA

Você é para Deus uma jóia rara!
Ele ama você.

Foi exatamente por isso que você
foi criado!

Deus ama tanto você, que o
modelou de uma forma única e
maravilhosa. Ele o reconhecerá
sempre no meio da multidão.

Erga-se na sua fé, reanime-se com as forças de seu Pai!

Busque entre seus irmãos o que eles têm para lhe ofertar: amor, amizade, bondade. Olhe à sua volta e perceba quantas mãos se estendem em sua direção!

Você é uma peça fundamental na engrenagem da vida, sem você o mundo não seria o mesmo para Deus! Ele precisa de você, Ele ama tudo o que criou.

Creia! Tudo pode mudar

PENSAMENTO DO DIA

"A nossa fé é como uma pedra preciosa, quanto mais lapidada, mais ela brilha. Não use a sua fé para chamar atenção do mundo ou envaidecer-se por conta dela, deixe que outros percebam quem é você exatamente pelas suas ações."

DESÂNIMO

São muitos os motivos que nos levam a desacreditar no poder da transformação.

Esquecemos, às vezes, que somos instrumentos enviados no seio da sociedade com esta missão: criar, transformar, incentivar os que precisam de motivações.

Analise com bastante critério se de fato vem executando todas as suas aptidões diante da vida, não espere que lhe cobrem, ofereça-se para fazer.

Ouça a voz do seu coração! Deus chama você.

Sente-se só?

Está triste?

Decepcionado?

Olhe para frente! Jesus caminha quebrando os espinhos e abrindo os caminhos para você passar.

Siga-O, não tema pois, por mais difícil que seja o seu problema,

Jesus ultrapassa a sua dificuldade.

Confie no Mestre.

PENSAMENTO DO DIA

"A emoção leva os homens a cometerem atos impensados. Deparamos todos os dias com pessoas entusiasmadas com seus projetos, mas basta colocá-los na prática do trabalho para vermos essas mesmas pessoas agora fugindo do assunto."

AS PROMESSAS

Jamais prometa o que sabe que não pode cumprir, porém doe um pouco de tudo o que tiver. Quem quer agradar a Deus age em silêncio, a caridade verdadeira é sempre sigilosa...

Quem ajuda um irmão em dificuldades, sejam de ordem

física ou espiritual, está agradando ao Pai.

Quando esticamos nossas mãos em direção a um necessitado, já estamos colhendo bênçãos que caem do céu. Quando estendemos nossas mãos em nome do Pai, nunca as cruzamos vazias.

Deus tem muito a lhe oferecer, dê um pouquinho de seu tempo a Ele! Pare! Esqueça as dívidas, as doenças, as mágoas, faça uma oração.

A oração provoca o mesmo efeito em nosso coração que o bálsamo na ferida.

Quando oramos com fé, quem nos faz esse curativo é o Mestre! Jesus Cristo em pessoa.

Cure-se! Orando...

PENSAMENTO DO DIA

"Falar é fácil, e prometer então? Facílimo! E fazer o que a maioria pensa em fazer, jura que vão fazer, ou se compromete diante do mundo em fazer? A resposta correta é: são poucas as pessoas que fazem tudo aquilo que nós não temos 'VONTADE' de fazer. O que falta no homem não é a competência nem a inteligência, o que falta no homem é apenas 'A BOA VONTADE'."

DIFICULDADES

Você está passando por uma situação difícil?

Decepcionado com algo ou alguém?

Triste e desanimado com seus projetos de vida?

Aborrecido com a família?

Em que vai ajudá-lo virar as costas para a realidade, agarrando-se a sentimentos e pensamentos tão negativos! Deus não atua nestas vibrações, Deus é luz, Deus é amor, Deus é verdade.

Enfrente seus problemas de frente, resolva um de cada vez. Ligue-se aos amigos espirituais e perceba como você é amado e respeitado por todos eles.

Elimine os pequenos obstáculos de sua vida, como tristezas, desânimos, etc., e verá que os grandes não existirão! Amor entre nós, só Deus.

Levante-se diariamente com disposição, não se lamente por ter acordado, agradeça por mais um dia.

Em pouco tempo, sua estrada estará plana e larga, sua vida será plena de venturas e alegrias.

PENSAMENTO DO DIA

"Algumas pessoas 'São Felizes' com o pouco que Deus lhes deu. Outras 'São Infelizes' com tudo o que Deus lhes deu. Logo, entendemos que a felicidade não se compra,

se conquista. Que a riqueza
da carne não é a mesma do
espírito."

CONFORMISMO

Não devemos nos acomodar nunca, você veio ao mundo com a capacidade de agir, de se movimentar.

A vida é movimento, quem pára não anda e, dessa forma, acaba sendo um estorvo nos caminhos daqueles que precisam prosseguir.

Se você está desmotivado em seu caminho, seja humilde, peça ajuda a quem pode ouvi-lo e orientá-lo.

Não há um filho de Deus sequer que Lhe peça socorro e não seja atendido! Deus é justíssimo...

Não desanime se algumas pessoas passaram por você sem notá-lo, elas podem estar passando por outras dificuldades diferentes da sua, mas não deixam de estar sofrendo tanto ou mais que você.

Continue de mãos erguidas, o fato de estirarmos as mãos já é uma forma de expressarmos um gesto de ajuda.

Não se conforme com o sofrimento encostando-se num canto e deixando-se levar pelo desânimo, como uma doença da alma.

PENSAMENTO DO DIA

"Existem aqueles que se esforçam para 'Ver Acontecer' e existem aqueles que se conformam com o que 'já viu acontecer'."

TRABALHO

O cansaço físico do trabalhador é
a recompensa da alma! Um corpo
suado pelo esforço físico de
quem labutou é a vitória do
espírito que veio com esta
programação: resgatar o que
perdeu no passado.

Que bênção poder se cansar trabalhando com alegria. Quem ajuda a construir uma nação será sempre bem-vindo a ela!

O trabalho promove educação e prosperidade a seu povo!

O melhor presente que os pais oferecem aos seus filhos é a educação. E a educação sem trabalho finda em pobreza.

Ricos ou pobres devem se curvar diante desta ferramenta que nos ajuda na lapidação da alma: o trabalho!

Deus é o maior trabalhador do Universo! Ele criou tudo o que temos. Quando trabalhamos com alegria e boa vontade, estamos agradando a Deus e incentivando outros a nos seguir.

Seu trabalho pode ser humilde, como lavrar a terra, porém, sem seu trabalho, jamais teríamos o pão em nossas mesas.

Todo trabalho é digno, orgulhe-se por ser um trabalhador!

PENSAMENTO DO DIA

"O trabalho é um costume saudável que desenvolve o hábito da responsabilidade."

A VIDA

A vida é uma dádiva de Deus!

Ele, e somente Ele, tem o direito de levar e trazer seus filhos a este mundo.

Devemos respeitar o que é de Deus, a vida pertence a Ele! Deus lhe deu o poder de pensar, sentir, amar, sorrir, chorar; isso se chama vida!

Recebemos uma grande incumbência do nosso Criador: zelar pela nossa vida. E zelar pela vida é amar nossos semelhantes assim como queremos ser amados.

Busque em seu interior a força do amor, goste de si mesmo!

Ame-se! Valorize-se.

Não permita que ninguém entre em sua vida para estragá-la, não faça a outros o que você já passou por causa de alguns...

Não acredite que Deus colocaria alguém em sua vida para

castigá-lo. Afaste a idéia de inimigos.

Amor é alegria, não sofrimento; quem ama, cuida-se! Cuide de seu corpo físico, cuide de seu espírito.

Se você acha que ninguém o ama, falta amor dentro de você, ame mais a si mesmo, pois amor chama amor, e certamente você encontrará quem o ame de verdade.

PENSAMENTO DO DIA

"A vida só pode ser compreendida olhando-se

para trás; mas só pode ser
vivida olhando-se para
frente.

É preciso viver, não apenas
existir..."

A HUMILDADE

Pare e observe o esforço dos pequenos trabalhadores, repare no esforço da formiguinha que muitas vezes carrega nas costas uma folha maior do que seu corpo: ela não hesita em pedir ajuda.

Andam em fila, uma amparando a outra, e assim chegam ao seu destino.

Veja como os pássaros voam levando no bico os gravetos para construírem seus ninhos, enquanto um transporta o graveto, o outro vai trançando o ninho. É humildade, amor e carinho que impulsionam essa pequena construção.

Se você acha que seu trabalho não é nobre só porque você limpa o chão, lembre-se de que esse chão é por onde passam todas as pessoas que você julga importantes.

Pode ser que você ainda não tenha notado, mas diariamente Jesus passa por aí acompanhado por um séqüito de anjos e santos!

Todo trabalho executado com amor, torna-se nobre. No doutorado da vida, doutores são todos aqueles que fazem seu trabalho bem-feito.

PENSAMENTO DO DIA

"Os pequenos atos que se executam são melhores do que todos aqueles grandes que não saíram do planejamento."

CRÍTICAS

Não se deixe abater pelas críticas, mesmo não sendo justas, elas só vão ajudá-lo!

É muito importante saber ouvir e aprender com as palavras dos outros.

Se quem critica é um sábio, ele está mostrando seu erro, agradeça a Deus e a ele!

Se quem critica é um tolo, ele está lhe dando dicas de como melhorar e vencer! Aproveite-as!

Ouça com sabedoria o que lhe diz aquele que luta contra você; as palavras dele devem ser levadas muito mais em consideração do que as do seu maior amigo!

Ser cauteloso no falar é uma virtude, ser atencioso no ouvir é uma qualidade.

Ouvir é um gesto de sabedoria, falar é a sabedoria educada.

PENSAMENTO DO DIA

"A maior resposta que você pode dar para alguém que coloca em dúvida a sua moral, não é discutir, revidar, aborrecer-se, e muito menos desanimar. A maior resposta que você pode dar a tal pessoa é continuar fazendo aquilo que ela jamais seria capaz de fazer com dignidade..."

SOMBRAS

Nem todos os dias o sol brilha logo cedo em nossas vidas. Há dias em que vemos nuvens escuras que não nos permite ver os belos raios solares. Nos precavemos nestes dias, pois sabemos que vai chover mais cedo ou mais tarde.

Assim também virão dias em que estaremos chorando, enxugando nossos olhos, encobrindo a nossa visão diante da beleza que a natureza nos oferece. Mas certamente outro dia virá e vamos sorrir novamente, amar e alegrar-se, pois temos essa capacidade: começar de novo...

Haverá dias em nossas vidas em que vamos descobrir o que é tristeza e solidão. Assim como teremos tantos outros momentos em que vamos alcançar alegria e felicidade.

Plante no seu coração o fruto da amizade e verá que nunca estará sozinho, haverá sempre alguém

lhe estendendo a mão,
partilhando o momento com
lágrimas ou sorrisos.

PENSAMENTO DO DIA

"Quando se sentir sozinho
e abandonado em plena
crise de solidão, procure
aproximar-se de uma luz.
Perceba como sua sombra é
uma grande companheira,
fiel e amiga, que a ouve
em silêncio e leva sua
confissão a Deus."

O PENSAMENTO

Aos nossos olhos se torna mais nítidas as imagens exteriores. Apenas o raio X pode revelar alguns órgãos do nosso interior.

Mas e o espelho que nos revela as imagens do espírito? São nossos pensamentos.

Geralmente enxergamos nos outros aquilo que somos.

É muito importante alinhar nossa mente com forças positivas, pois só assim teremos chances de enxergarmos o nosso próprio eu sem confundirmos com imagens alheias.

Seja positivo sempre, mesmo diante de uma grande decepção!

Ser positivo é uma qualidade pessoal que lhe diferencia dos demais.

Não há barreiras que resistam ao persistente positivista.

O pensamento positivo quebra, arrebenta qualquer força negativa.

PENSAMENTO DO DIA

"Um pensamento negativo gera no pensador uma imagem retorcida dele mesmo. Liberte-se dos maus pensamentos e verá como as imagens de outras pessoas que lhe aparecem retorcidas são retas, e o torto no momento é você... liberte-se."

SORRISO

A forma de expressão de cada um revela o que ele sente em seu íntimo. O sorriso é a recepção da alma.

Se você é uma pessoa que sabe lidar com as dificuldades, encontrará sempre uma alternativa para resolvê-las sem neuroses; quando você ri centenas de células do seu corpo se movimentam, se renovam, se modificam.

Não há nada mais saudável para o nosso corpo do que um sorriso verdadeiro!

Desânimo, mau humor, músculos do rosto cerrados?

São os responsáveis por centenas de doenças, entre elas a loucura e a velhice precoce.

Sorria! Não repare em seus caminhos apenas de um lado, a estrada da vida é um longo caminho, ladeado por dois lados, e se você não encontrou motivos para sorrir de um lado, olhe para o outro, mas não deixe de sorrir...

Sorrir faz bem ao corpo e à alma!

PENSAMENTO DO DIA

"Ainda existem pessoas capazes de abrir um sorriso enquanto a maioria está se fechando em rugas..."

CAMINHADA

Muitos desistem da caminhada por encontrar nos caminhos da vida trechos com pedras e espinhos. Estes são os fracassados! Eles desistiram de lutar por não acreditarem em sua força interior.

Todos nós somos capazes de nos mover de um lado a outro, ultrapassando muitos obstáculos! Se você não tentar, como pode saber se vai dar certo?

As pedras do nosso caminho foram deixadas por nós mesmos em alguma outra ocasião quando desistimos de carregá-las. O motivo no momento pouco importa, o importante é caminhar!

A paciência de Deus com cada um de Seus filhos é uma das mais nobres virtudes criadas por Ele.

Se a estrada hoje é dolorosa, é sinal que no passado fizemos mau uso dela.

Não se acovarde diante do sofrimento! Lute e vença!

Todo sacrifício é recompensado na alma.

É através do sofrimento que aprendemos a reconhecer o que é o bem.

Faça dessa vida um exercício maravilhoso: caminhar e elevar-se em direção ao Norte! Sempre em frente.

PENSAMENTO DO DIA

"Só devemos desistir de andar quando nos for permitido voar."

INVEJA

Uma alma doente atrai para si sofrimentos e sofredores. Os invejosos sofrem com nossas vitórias. Mesmo assim, devemos olhá-los com bondade, a inveja nada mais é do que uma doença da alma.

O espírito que caminha na trilha da luz alegra-se em dividir com outros seres idênticos a satisfação e a felicidade que desfrutam das bênçãos recebidas.

O espírito atrasado não anda, não pensa, não sonha, não almeja nada, não conquista nem constrói nada de especial, só se alimenta de fracasso.

Os invejosos vivem num constante conflito, invejam os que lutam, odeiam os que vencem, desprezam os se elevam.

Devemos estar sempre atentos para não sermos contaminados por esse vírus chamado "inveja".

Vamos ter sempre o cuidado de reconhecer o trabalho dos outros e tentar fazer o nosso da melhor forma possível.

Todos nós temos qualidades que se destacam quando comparadas às de outras pessoas.

Não precisamos ser excelentes em tudo na vida, só precisamos ser pessoas excelentes.

PENSAMENTO DO DIA

"O pavor dos invejosos é que você descubra a sua incapacidade."

A RAZÃO E A EMOÇÃO

Devemos ser cautelosos em nossos julgamentos e atentos em nossas decisões.

Deus nos deu a capacidade de ver, ouvir e pensar para agir com razão.

Todos nós podemos agir pelo nosso livre-arbítrio, podendo atingir multidões. Porém, cada um será chamado perante Deus em particular para prestar suas contas.

O bom senso nos manda ouvir antes de opinar, não condenar quem já está perdido, não aproveitar da fraqueza de quem já foi vencido.

Diante dos fracos, mostre que é forte, lhes forneça forças; Aos cegos, ofereça a mão; aos que se humilham aos seus pés tenha misericórdia e lhes dê o perdão.

Há momentos em que devemos deixar nossas emoções florirem

sem no entanto perdermos a
razão de quem somos.

PENSAMENTO DO DIA

"O sensato age com a
razão, o insensato, com a
emoção."

VITÓRIA

O sofrimento é uma das maiores ferramentas de lapidação da alma. É caindo que a criança descobre que pode andar. É errando que o homem descobre que precisa acertar.

De encarnação em encarnação, caímos muitas vezes, e é

justamente esses tombos que nos ensinam a conhecer o caminho por onde passamos.

Quando erramos em busca de um ideal, mas o alcançamos no final, todos os nossos erros tornam-se vitórias!

Quando desistimos de nossos ideais porque estamos errando, demonstramos que somos incapazes.

Para o vencedor não é o prêmio a coisa mais importante de sua conquista, mas o reconhecimento do seu esforço.

PENSAMENTO DO DIA

"A maior vitória que podemos alcançar nesta vida não é vencer nossos inimigos, mas atingir nossos ideais."

HUMILHAÇÃO

Sendo Deus o maior Engenheiro do Universo, criou a Terra e a cedeu a nós como campo de trabalho.

A Terra gira, faz seu próprio movimento e, independente do nosso desejo, ela passa para cada um.

O espírito também faz rodízio nessas caminhadas, quem hoje está no patamar de cima, amanhã poderá vir no debaixo, sem que ninguém possa interferir nas decisões do Pai.

Quem hoje possui muitos bens materiais, amanhã poderá vir de mãos vazias, sem nada!

Quem hoje dita as leis, amanhã poderá ter de obedecê-las.

Quem o sustenta hoje, amanhã poderá exigir de você o mesmo.

Quem pisa nos caídos, amanhã poderá ser machucado!

Quem foge dos pobres, amanhã poderá tornar-se seu prisioneiro.

Não humilhe aqueles que precisam elevar-se com sua ajuda. Tenha paciência com eles, a sua condição como espírito não é melhor do que a deles, você está apenas fazendo um trabalho para Deus.

PENSAMENTO DO DIA

"Não critique e não humilhe aqueles que estão abaixo de você, pois talvez você só tenha subido porque ele está lhe sustentando; amanhã. pode ser o inverso, pense nisso..."

AS AÇÕES

Se estiver precisando de uma orientação, de um conselho, peça orientação a Deus, peça-Lhe ajuda.

Não abra o seu coração para curiosos que nada desejam a não ser conhecer seus segredos, suas aflições!

Peça ajuda com calma a quem não guarda interesses materiais ou pessoais, a quem esteja sintonizado com a doutrina da caridade e que possa encaminhá-lo em direção a Deus.

Se não encontrar essa pessoa, encontre dentro de si mesmo alguém chamado Filho de Deus — Jesus Cristo — e fale com Ele.

Abra seu coração, fale com Jesus! Ele sempre tem tempo para nos ouvir.

Ele vai orientá-lo e sugerir em sua mente o que for melhor para sua felicidade.

Confie em Deus!

PENSAMENTO DO DIA

"Os bondosos tratam de esclarecer os aflitos tirando suas dúvidas; os maldosos atiçam ainda mais a desconfiança nos que já estão fragilizados com suas dúvidas."

OBRAS
DE DEUS

O ser humano é obra mais perfeita criada por Deus!

Temos um corpo perfeito, cada órgão é um instrumento bem calculado para exercer uma função benéfica em nosso corpo carnal.

São tantas as maravilhas criadas por Deus! Nós temos o privilégio de ser uma delas.

Observamos as flores e jamais poderemos imitar cada um dos seus detalhes com tanta perfeição!

Estudamos o corpo humano e, por mais competente que seja um cientista, ele jamais conseguirá imitar Deus em sua criação.

Olhamos para o mar e temos plena convicção da existência de um Deus todo poderoso! É impossível entender como ele pode sustentar o planeta com tudo dentro. Notamos em cada ponto da natureza o capricho de Deus!

Esquecemos às vezes de olhar para dentro de nós mesmos e perceber o quanto estamos deixando de lado tantas coisas preciosas!

Vamos observar melhor nossa própria natureza, valorizando cada detalhe do nosso corpo, pois ele tem ligação com sua alma...

A maior obra de Deus é você!

Não permita que ninguém desvalorize o que é de Deus.

Valorize-se!!!

PENSAMENTO DO DIA

"Falar sobre as obras de Deus é maravilhoso, mas divino mesmo é conhecer Suas obras e adquiri-las para si."

A VERDADE
E A MENTIRA

Quem nesta vida já não foi
traído?

Quem entre nós ainda não foi
vítima de uma mentira que nos
custou muitas lágrimas?

Jesus Cristo, o maior homem que

já pisou nesta terra, passou por tudo isso e incentivou a perdoar!

Ele mesmo pediu: Perdoai Pai, eles não sabem o que fazem! Ele conhecia e confiava na justiça do Pai. Nós devemos imitá-lo.

Não demorou muito tempo e a verdade sobre Jesus revelou-se entre todos os povos!

As nossas verdades também são sempre reveladas mais cedo ou mais tarde, elas aparecem mesmo que ninguém faça nada.

Viva em sintonia com Deus e confie em Sua palavra: "Eu sou o caminho, a luz e a verdade"

PENSAMENTO DO DIA

"A mentira é como a tempestade, causa danos, mas passa. A verdade é como um cometa, pode demorar, mas sempre chega no tempo certo e na hora certa..."

CONFIANÇA

Assim como recebemos muitas oportunidades em nossas vidas, devemos também oferecer oportunidades a outras pessoas.

Lamentamos sempre as faltas de oportunidades que não recebemos, mas esquecemos às vezes de dar essas mesmas oportunidades para outros.

Temos de arriscar: apostar no ser humano! Devemos confiar e acreditar no ser humano, ou a vida não terá sentido.

Sentimo-nos recompensados quando somos o responsável pelo sucesso de alguém. Basta olhar para um pai que vê seu filho brilhar!

Mas se alguém lhe decepcionou, traindo, roubando, não o julgue nem o condene; ele já foi condenado, perdeu sua confiança, perdeu uma grande oportunidade!

Mesmo assim, não desista de investir em seus semelhantes, se um trai, muitos serão fiéis.

Se um rouba, muitos trarão lucros.

Confie em sua capacidade, em seu talento e nas oportunidades que Deus dá todos os dias.

PENSAMENTO DO DIA

"Não julgue e não condene
aqueles que falharam com
você, eles já foram punidos,
perderam a sua confiança.
'Confiança' é como um fino
copo de cristal, quando
quebrado, não tem
conserto."

SONHO

O que seria de nossas vidas se não pudéssemos sonhar?

Faça seus planos, articule seus projetos! Sonhe!

Devemos planejar e administrar bem nossas vidas, analisar com muito cuidado as decisões que vamos tomar, seja na família, no trabalho, na religião, etc.

Enquanto nosso corpo físico descansa, nosso corpo astral se desprende para volitar pelo universo em busca de conforto e conselhos dos amigos afins.

Ao acordarmos ficam registradas cenas que chamamos sonhos.

Mas também sonhamos acordados! Estes sonhos conscientes são os melhores, porque podemos concluí-los aqui mesmo em terra.

Os sonhos só se realizam quando acreditamos neles!

PENSAMENTO DO DIA

"Todo sonho pode se tornar real, basta você acreditar nele e segui-lo até o fim."

PERSISTÊNCIA

Para sobreviver, o pequenino ser necessita adaptar-se a muitas mudanças. Toda mudança em nossas vidas requer um tempo para adaptação.

A persistência é uma virtude para quem deseja de fato mudar algo em sua vida!

As mudanças em nossas vidas não acontecem tão somente quando planejamos, outros elementos podem fazer com que elas aconteçam!

Nesses casos, devemos de fato ter pés nos chão, resistência no espírito e persistência para vencer.

Podemos mudar tudo! Menos a morte que pertence a Deus. Apenas Ele pode mudar nosso destino.

As mudanças são difíceis, mas quando bem administradas tornam-se benéficas.

Lembre-se do ditado popular que diz: "Há males que vem para o nosso bem".

Se você precisa fazer uma mudança em sua vida, analise cautelosamente cada detalhe, peça orientação aos mentores de luz, confie em Deus e siga seu coração. Mudanças de vida não são fáceis, mas algumas vezes tornam-se necessárias...

PENSAMENTO DO DIA

"... Se caminhar fosse fácil, não precisaríamos de dois pés..."

O PODER
DA PALAVRA

Há momentos em nossas vidas em que esperamos ansiosos para ouvir uma palavra, especialmente de um ser amado em quem acreditamos.

Outras vezes rezamos para não ouvirmos o que tem a dizer um ser amado em quem confiamos.

Não existe palavra mais dura e mais cruel para aqueles que amam do que a frase: "estou indo embora..."

Ou ainda: "estou com uma doença incurável..."

No entanto, torna-se inesquecível as primeiras palavras de um filho falando "mamãe", "papai".

Ou de um mestre no microfone anunciando o nosso nome para a entrega de um certificado.

Para todas as ocasiões, tristes ou alegres, devemos ter o poder das palavras para partilhar alegria ou sofrimento com aqueles a quem amamos.

A palavra tem o poder de doutrinar, educar, curar e transformar.

PENSAMENTO DO DIA

"O sábio pensa e fala. O tolo fala sem pensar."

PREOCUPAÇÃO

Temos uma arma que há muitos séculos vem fazendo o maior número de vítimas em todo mundo: é a língua! Ela tem matado e desviado milhões de almas de suas moradas.

O homem culto ou inculto não pensa quando faz uso dessa

arma, não analisa as conseqüências que ela pode causar.

Milhões de pessoas que poderiam contribuir com o progresso da humanidade largam projetos no meio do caminho ao serem atingidos por esta arma mortal.

Se você vem sendo atacado por essa arma, lembre-se, você também porta uma! Não entre em luta, não duele com os que estão provocando!

Use sua arma para elevar-se profissional, pessoal e espiritualmente...

Essa arma deve ser usada para educar, unir e promover a paz entre todos os povos, em todas as nações.

PENSAMENTO DO DIA

"Só devemos nos preocupar com as críticas sobre o nosso trabalho quando vem de alguém capacitado e conhecedor da questão. Essas críticas, mesmo não agradando, tornam-se construtivas."

DIFERENÇA

Perante Deus, somos todos iguais, quem já não ouviu isso? E é verdade! Para o Pai somos todos iguais.

Ele nos criou cada um de uma forma única, Ele nos quer perto de Si como nos criou! Ou seja: fomos criados para o bem, e se nos desviarmos por conta própria para o mal, mais cedo ou mais tarde, temos de retornar até a Ele como fomos criados.

Deus não concedeu benefícios nem privilégios para alguns, Ele deu a todos a liberdade de ação, fomos agraciados com a lei do livre-arbítrio.

Nós é que fomos nos diferenciando uns dos outros, pelos nossos esforços individuais e coletivos, formando famílias espirituais.

Conquistamos direitos e recompensas com a nossa luta constante.

Se você pretende se destacar diante de Deus, busque andar pelos caminhos da retidão. O que nos diferencia uns dos outros é saber reconhecer o que é o bem e o mal.

PENSAMENTO DO DIA

"Se tudo o que Deus criou não se destacasse entre alguns, seríamos todos iguais por todo sempre. O que praticamos individualmente é o que nos faz ser diferentes dos outros."

CONQUISTA

O corpo carnal é uma prisão de segurança máxima para o espírito! Ai de quem tentar fugir dele!

Uma vez encarnados, só podemos regressar em liberdade plena ou condicional quando Deus assim nos libertar.

Nessa prisão, temos quem olhe por nós! Os nossos mentores espirituais. Como prisioneiros, somos tratados como príncipes, recebemos ajuda, orientação. Tudo nos é facilitado, só não progride quem não quer!

Aprisionados num corpo, somos livres no espírito.

Diariamente saímos para o nosso passeio espiritual, somos levados aos melhores colégios espirituais.

Por receber tanta liberdade e ter tanto prestígio entre os mestres, muitos irmãos se perdem e abusam das grandes oportunidades recebidas.

Seja consciente! Você é inteligente! Aproveite a chance de estar aqui na Terra e faça desse momento o mais preciso de sua vida.

PENSAMENTO DO DIA

"Não sinta inveja dos pássaros que voam alto, pois se você aprender a usar as asas do espírito, poderá ir além do já alcançado por qualquer um deles."

ESPERANÇA

No dia que deixarmos de acreditar na vida, o que resta para viver?

Enxergar com os olhos carnais é uma necessidade do corpo e não da alma!

O deficiente visual consegue sentir o cheiro, ouvir música e sensibilizar-se com um toque físico.

Ele enxerga com os olhos da alma!

Quantas pessoas ao invés de agradecer a Deus por ter recebido um corpo perfeito, vivem lamentando coisinhas tão pequenas diante da deficiência de tantos.

Se lhe falta dinheiro, não lhe faltam as pernas, os braços, os olhos para trabalhar.

Se lhe falta um filho em casa observe quantas crianças precisam de uma morada!

Se lhe falta uma companheira,
resta-lhe a esperança! Busque e
a encontrará! Palávra do Mestre.

Cultive amor em seu coração,
plante alegria, colha paz,
distribua esperança.

PENSAMENTO DO DIA

"A esperança é a única
certeza que nos faz
acreditar que a vida é bela.
Vamos cultivá-la em
nossos corações."

Você já leu estes romances do espírito Helena?
Psicografia de Maria Nazareth Dória

Amor e Ambição
A vida e os amores
da rainha Loretta,
uma soberana de um grande
império europeu.

Sob o Olhar de Deus
Um amor da juventude volta
com força na vida do
renomado maestro Gilberto.

Um Novo Despertar
A adaptação na
espiritualidade da jovem
Simone depois de
desencarnar muito cedo.

**Leia os livros do espírito Irmão Ivo.
Mais luz em sua vida!
Psicografia de Sônia Tozzi**

Somos Todos Aprendizes
Uma tragédia no dia do seu casamento muda toda a vida de Bernardete.

O Amor Enxuga as Lágrimas
Como uma mãe pode superar a dor da perda de um filho ainda na adolescência?

A Essência da Alma
Mensagens e reflexões que vão ajudá-lo em sua reforma íntima.

**Romances de Schellida.
Emoção e ensinamento!
Psicografia de Eliana Machado Coelho**

O Direito de Ser Feliz
Um triângulo amoroso no eixo
Rio de Janeiro-Paris muda a
vida de dois casais.

Sem Regras para Amar
A poderosa Gilda vai conhecer
o veneno de seu preconceito
na própria carne.

Um Motivo para Viver
Conheça a história e o destino
de Raquel, uma jovem nascida
em uma fazenda no
Rio Grande do Sul.